IRISCHE SEGENSWÜNSCHE FÜR DICH

arsEdition

IRISCHE SEGENSWÜNSCHE

wurden über Jahrhunderte aus keltischen und
frühchristlichen Traditionen überliefert und üben
seit jeher einen unwiderstehlichen Charme aus.
Die einfache, aber bildhaft-poetische Sprache,
in der ganz alltägliche Themen mit einem Segen
oder Wunsch in Verbindung gebracht werden,
sprechen uns aus dem Herzen und bieten Hoffnung
und Inspiration für jede Lebenslage.

Möge der Zauber der Segenswünsche und
Weisheiten aus Irland uns jeden Tag aufs Neue
inspirieren und uns Lebensfreude und
Zuversicht schenken.

Möge die Straße dir FREUNDLICH entgegenkommen.
Mögest du den Wind immer im Rücken haben.
Möge die Sonne WARM auf dein Gesicht
scheinen und der Regen sanft auf deine Felder fallen.
Und bis wir uns wiedersehen, möge Gott dich
SCHÜTZEND in seiner Hand halten.

Irischer Segenswunsch

DER SEGEN IRLANDS
möge stets cein Leben begleiten
und bereichern und deine Sicht
auf die Dirge prägen, auf die
großen wie auf die kleinen.

Irischer Segenswunsch

Der Wind möge dir
den Weg weisen, wenn du die
Richtung ändern möchtest.

Irischer Segenswunsch

MÖGE DEIN HERZ
so leicht sein wie ein Lied
und jeder Tag dir neue
glückliche Stunden bringen.

Irischer Segenswunsch

Möge alles, was du tust, mit
INSPIRIERENDER WEISHEIT
gesegnet sein.

Irischer Segenswunsch

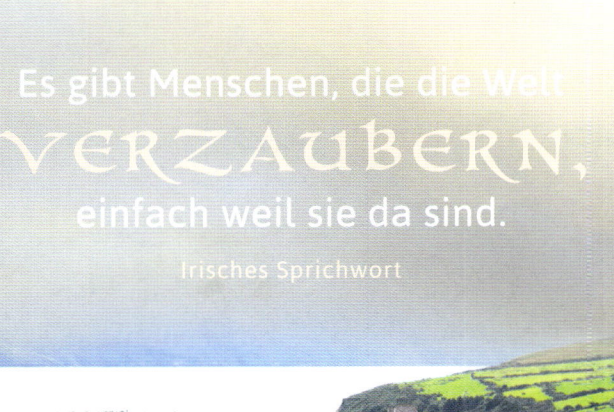

Es gibt Menschen, die die Welt

VERZAUBERN,

einfach weil sie da sind.

Irisches Sprichwort

Mögen keine Hindernisse dir im Weg stehen,
um deine ZIELE ZU ERREICHEN.

Irischer Segenswunsch

Möge das Glück
auf deinem Weg sein,
wohin du auch gehst.

Irischer Segenswunsch

Mögen deine Freuden so hell sein wie der Morgen,
und deine Sorgen nur Schatten sein, die im
SONNENLICHT DER LIEBE verblassen.

Irischer Segenswunsch

Mögest du genug

Glück haben,

um Freude zu spüren,
genug Prüfungen,
um stark zu sein,
und genug Hoffnung,
um immer das Gute
im Leben zu sehen.

Irischer Segenswunsch

Möge ein Freund dir immer nah
sein und möge Gott dir ein
FRÖHLICHES HERZ schenken.

Irischer Segenswunsch

Der Segen Irlands

möge dich beschützen, seine Seen und Flüsse
dich segnen, und möge das Glück der Iren dich
umhüllen, wohin auch immer du gehen magst.

Irischer Segenswunsch

Als Gott die
ZEIT
SCHUF,
machte
er genug
davon.

Weisheit aus Irland

Ich wünsche dir, dass
du DEINE ZIELE nie aus
den Augen verlierst.

Irischer Segenswunsch

Mögest du einen Blick haben
für die *kleinen verborgenen*
Dinge im Leben.

Irischer Segenswunsch

Leprechaun crossing

Möge Gott Zeichen
aufstellen an der
Straße deines Lebens,
damit du weißt,
wohin du gehst.

Irischer
Segenswunsch

Mögest du den Mut finden,

ZU NEUEN ZIELEN

AUFZUBRECHEN,

wenn die Zeit dafür gekommen ist.

Irischer Segenswunsch

DIE BANDE DER FREUNDSCHAFT

sollen stets fest geknüpft
sein, auf dass sie dir

HALT UND ZUVERSICHT GEBEN.

Irischer Segenswunsch

Mögen Irlands Wiesen und Felder
DEIN HERZ ERFREUEN
ein Leben lang.

Irischer Segenswunsch

Möge dein Glaube sich
nie verflüchtigen.

Irischer Segenswunsch

Ich wünsche dir
Meilen für Meilen
irischen
Lächelns,
für kostbare und
glückliche Stunden.

Irischer Segenswunsch

Jede Stunde möge
von Segen erfüllt
und damit kostbar sein.

Irischer
Segenswunsch

Ich wünsche dir
Geduld für Dinge,
die ihre Zeit brauchen.

Irischer Segenswunsch

Möge deine Arbeit dir

SPASS MACHEN

und dich erfüllen

ein Leben lang.

Irischer Segenswunsch

Möge
GOTTES
SEGEN
dich beschützen.

Irischer Segenswunsch

Möge Frieden in dir und
DEIN HERZ STARK SEIN,
mögest du finden, was du
suchst, wo immer du bist.

Irischer Segenswunsch

Mögen deine Tage
ZAHLREICH und deine
Sorgen gering sein.

Irischer Segenswunsch

Ich wünsche dir, dass dich all das
Unerfüllte in deinem Leben
nicht erdrückt, sondern dass du
dankbar sein kannst für das,
was dir gelingt.

Irischer Segenswunsch

Gesundheit

beginnt mit einem

guten Schlaf.

Weisheit aus Irland

Möge dein Schiff nach einem
Sturm stets in seinen
Sicheren Hafen
zurückfinden.

Irischer Segenswunsch

Möge dir **LEICHTIGKEIT** hinweghelfen über Hürden, die deinen Weg kreuzen, und dir die **KRAFT GEBEN**, gelassen über den Dingen zu stehen.

Irischer Segenswunsch

Möge der Wind deine
SORGEN HINWEGTRAGEN,
auf dass sie sich am Horizont
verflüchtigen und deine
Seele zur Ruhe kommt.

Irischer Segenswunsch

Möge es dir gelingen,
jenen Ort deiner Seele
zu erreichen, wo dich
ein Überfluss an Liebe,
Wärme, Nähe und
Vergebung erwartet.

Irischer Segenswunsch

Geduld sei ein Pflaster
für alle Wunden.

Irischer Segenswunsch

Mögest du
aus jeder
Situation stets
DAS BESTE
machen.

Irischer Segenswunsch

Mögen Wind und Meer dir die FREIHEIT schenken,
dein GLÜCK jeden Tag aufs Neue zu finden,
und mögest du dieses Glück tief in deinem HERZEN
bewahren für heute und für immer.

Irischer Segenswunsch

Ein heiterer Himmel

sei über den Dingen, die du liebst, und dunkle Wolken mögen nie deinen Weg kreuzen.

Irischer Segenswunsch

ICH WÜNSCHE DIR KLEINE *Überraschungen,* DIE DEINEN TAG ETWAS BUNTER MACHEN.

Irischer Segenswunsch

Jedermann lobe die Brücke,
über die er schreitet.

Irisches Sprichwort

Möge der GLAUBE an
dich und deine Ziele stets
GEFESTIGT sein.

Irischer Segenswunsch

Möge jeder Wind, der bläst,
DIR GLÜCK BRINGEN.

Irischer Segenswunsch

Wo auch immer du hingehst,
was auch immer du tust,

MÖGEST DU
GLÜCKLICH SEIN!

Irischer Segenswunsch

Mögest du
dem Tag mit einem
LÄCHELN
begegnen und
der Nacht
mit einem Lächeln
danken.

Irischer Segenswunsch

DIE HAND, DIE GIBT, IST DIE HAND, DIE HÄLT.

Irisches Sprichwort

Mögest du nach einem Streit den Mut haben

ZU VERGEBEN.

 Irischer Segenswunsch

Ich wünsche dir einen Ort,
den du dein Zuhause nennen kannst, zu dem du
zurückkehrst, wo immer du auch warst.

Irischer Segenswunsch

Mögen Schatten auf deinem Gemüt sich verflüchtigen
wie der Morgennebel an einem sonnigen Tag, und
möge dir nach jedem Regenschauer ein REGENBOGEN
den Weg farbenfroh erleuchten.

Irischer Segenswunsch

Sanfter Regen

ströme auf dich herab,
und die kleinen Blumen
mögen zu blühen beginnen
und ihren köstlichen
Duft ausbreiten,
wo immer du gehst.

Irischer Segenswunsch

Mögest du an jedem
Tag spüren, dass auch dunkle
Stunden einen hellen
HOFFNUNGSSCHIMMER
besitzen.

Irischer Segenswunsch

Ich wünsche
dir, dass sich
Türen für dich öffnen,
wenn du
es brauchst.

Irischer
Segenswunsch

Möge dir die

MACHT DES STURMS

beiseitestehen, die Gewalt
der See den Rücken stärken,
die Ausdauer des Weges dir
Kraft geben und die
Herrlichkeit des Himmels
neue Hoffnung schenken.

Irischer Segenswunsch

Mögest du die Kraft haben,
die Richtung zu ändern,
wenn du die alte Straße nicht
mehr gehen kannst.

Irischer Segenswunsch

Möge Gott dein Herz
MIT FREUDE ERFÜLLEN,
damit du sie teilen kannst.

Irischer Segenswunsch

Mögest du ein

Lied in deinem Herzen,

ein Lächeln auf
deinen Lippen und nichts
als Freude in deinen
Fingerspitzen haben.

Irischer Segenswunsch

Nimm dir Zeit zu lachen,
es ist die Musik der Seele.

Weisheit aus Irland

Möge es in deinem Leben keine
verschenkten Tage geben, aber viele,
DIE DU ANDEREN SCHENKST.

Irischer Segenswunsch

Ich wünsche dir
schöne Erinnerungen,
die dich wärmen, und gute Träume,
die deinen Schlaf begleiten.

Irischer Segenswunsch

Ich wünsche
dir genug
Entschlossenheit,
um jeden Tag zu
einem schönen Tag
zu machen.

Irischer
Segenswunsch

Möge bei allem, was du tust,
außer deinen Händen auch
DAS HERZ beteiligt sein.

Irischer Segenswunsch

Möge dein ZUHAUSE
auch offen für andere sein.

Irischer Segenswunsch

Mögest du rückblickend wissen, wo du gewesen
bist, und die Weitsicht haben, um zu wissen,
wohin du noch gehst.

Irischer Segenswunsch

Wo immer *die Sonne*
aus den Wolken hervorbricht,
hoffe, dass sie besonders
für dich scheint,
damit jeder Tag deines Lebens
so hell wie nur möglich sei.

Irischer Segenswunsch

Mögest du lernen, STARK ZU SEIN
und nie aufzugeben.

Irischer Segenswunsch

Möge das Glück und
die Magie der grünen Insel
bei dir sein ein Leben lang.

Irischer Segenswunsch

Ich wünsche dir Kraft, um die
Stürme des Lebens
zu überstehen.

Irischer Segenswunsch

Ich wünsche dir, dass du
mit dir und deiner Umgebung
IM EINKLANG bist.

Irischer Segenswunsch

Möge der Glaube an
Gott dich nie verlassen und

dir Stärke geben,

wann immer du sie brauchst.

Irischer Segenswunsch

DEIN ENGEL sei vor dir,
um dir den RECHTEN WEG zu zeigen.
Dein Engel sei neben dir, um dich zu
SCHÜTZEN. Dein Engel sei hinter dir,
um dich zu BEWAHREN vor allem
Schaden. Dein Engel sei unter dir,
um dich AUFZUFANGEN, wenn du
fällst. Dein Engel sei in dir, um dich zu
TRÖSTEN, wenn du traurig bist.

Irischer Segenswunsch

Möge Gott
JEDEN DEINER SCHRITTE
sicher bewachen,
auf dass du
nicht stolperst.

Irischer Segenswunsch

Mögest du gesegnet sein mit
FRIEDEN IN DEINER SEELE
und Freude in deinem Leben.

Irischer Segenswunsch

Mögest du dich
nie einsam fühlen.

Irischer Segenswunsch

Möge stets ein
guter Freund
an deiner Seite sein.

Irischer Segenswunsch

Nimm dir

Zeit zum Spielen,

es ist das Geheimnis
ewiger Jugend.

Weisheit aus Irland

Mögen deine Füße dich tragen,
so weit sie sollen.

Irischer Segenswunsch

Möge die leichte Sommerbrise dich stets an schöne Zeiten erinnern und mögest du diese Erinnerungen in dir tragen ein Leben lang.

Irischer Segenswunsch

Man kann
DAS HEUTE
nicht erkennen,
wenn man
DAS GESTERN
nicht sehen will.

Irisches Sprichwort

Möge der Wind jeden
Nebelschleier vertreiben und dir
NEUE HOFFNUNG
SCHENKEN.

Irischer Segenswunsch

Wenn das
Glück anklopft,
öffne ihm
die Tür.

Weisheit aus
Irland

Mögen gute Worte
mehr wiegen als Geld in deiner Tasche.

Irischer Segenswunsch

Möge Freude *dein Herz erfüllen*
bei allem, was du tust.

Irischer Segenswunsch

Ein Fremder ist
nur ein Freund, den man
noch nicht kennt.

Irisches Sprichwort

Lausche auf den

Ton des Wassers,

und du wirst eine
Forelle fangen.

Weisheit aus Irland

Ich wünsche dir
Ohren, die die
SCHWINGUNGEN
der Untertöne
im Gespräch mit
anderen
aufnehmen.

Irischer Segenswunsch

Ich wünsche dir, dass
**LIEBE, FREUNDSCHAFT
UND LOYALITÄT**
dich stets umgeben.

Irischer Segenswunsch

Möge die Brücke dich
ZU DEINEM ZIEL FÜHREN
und der Wind deine
Wünsche in den Himmel tragen.

Irischer Segenswunsch

Ich wünsche dir *Eigenschaften,*
die dich das werden lassen,
was du bist und immer werden willst.

Irischer Segenswunsch

Der Tag sei dir GÜNSTIG und die Nacht GNÄDIG.

 Irischer Segenswunsch

Möge dein Weg
voller Überraschungen
sein, mit treuen
Gefährten an deiner
Seite und einer großen
Portion Heiterkeit
im Gepäck.

Irischer
Segenswunsch

Mögest du
dir Zeit nehmen,
die stillen Wunder
zu feiern, die in der
lauten Welt keine
Bewunderer haben.

Irischer Segenswunsch

Mögen warme Worte
deine kalten Tage erwärmen.

Irischer Segenswunsch

Möge das erste gute Wort, das du am Morgen sprichst, EINE BRÜCKE sein für einen gelungenen Tag.

Irisches Sprichwort

Möge der
KELCH DER
GESUNDHEIT
stets prall
gefüllt sein
für dich.

Irischer Segenswunsch

Mögest du lernen,
deinem Selbst
ein guter Freund
zu sein.

Irischer
Segenswunsch

Die Dinge nehmen
ihren Lauf, so
ÜBE DICH STETS
IN GEDULD.

Weisheit aus Irland

EINE SANFTE BRISE
umfange dich,
wenn der Sommer kommt,
EIN WÄRMENDES FEUER
sei dir nicht fern,
wenn der Winter naht.

Irischer Segenswunsch

Mögen die Fußspuren des Engels

AN DEINER SEITE SEIN

und dich begleiten, wohin du auch gehst.

Irischer Segenswunsch

Möge dir ein
Licht dann leuchten, wenn
dein Weg in Dunkelheit liegt.

Irischer Segenswunsch

Preise das
REIFE FELD,
nicht
das grüne.

Irisches
Sprichwort

Mögest du in deinem Zuhause
nie allein sein.

Irischer Segenswunsch

Die Gewissheit, dass nach jedem
Regen die Sonne wieder scheint,
möge dir NEUE KRAFT
UND ZUVERSICHT geben.

Irischer Segenswunsch

Jeder Tag möge

deinen Glauben

festigen.

**Irischer
Segenswunsch**

Möge DIE SONNE dir warm

aufs Gesicht scheinen,

der Wind deinen RÜCKEN STÄRKEN

und Gott an deiner Seite sein,

wo auch immer du hingehst.

Irischer Segenswunsch

Nimm dir Zeit, ruhig zu sein, das ist der
EINKLANG DEINER SEELE.

Weisheit aus Irland

Du möchtest noch mehr von uns kennenlernen?

In einigen Fällen war es nicht möglich, für den Abdruck der Texte die Rechteinhaber:innen zu ermitteln.
Honoraransprüche der Autor:innen, Verlage und ihrer Rechtsnachfolger:innen bleiben gewahrt.
© 2023 arsEdition GmbH, Friedrichstr. 9, D-80801 München
arsedition.de/service

Cover: Ainars Djatlevskis / unsplash

Fotografien Innenteil: Fotografien Innenteil: Getty Images / Anita Horvat, Getty Images / Marco Bottigelli, Getty Images / Navinpeep, Fabiano's_Photo / Shutterstock.com, Getty Images / Atlantide Phototravel, Getty Images / mikroman6, Getty Images / SteveAllenPhoto, Getty Images / Megan Ahrens, Getty Images / xeipe, Getty Images / Mlenny, Kwiatek7 / Shutterstock.com, Getty Images / NordicMoonlight, Getty Images / Andy Goss, Pierre Leclerc / Shutterstock.com, Getty Images / Angelafoto, Getty Images / David Soanes Photography, MNStudio / Shutterstock.com, Getty Images / Aitormmfoto, gabriel12 / Shutterstock.com, Hugh O'Connor / Shutterstock.com, Getty Images / Karlo Curis / EyeEm, Getty Images / Karlo Curis / EyeEm, Getty Images / Susanne Neumann, Getty Images / George Karbus Photography, Patryk Kosmider / Shutterstock.com, Getty Images / aine, Getty Images / Raffaele Di Rosa / 500px, Getty Images / Flash Parker, Getty Images / Patryk_Kosmider, Getty Images / Peter Zelei Images, stifos / Shutterstock.com, Getty Images / Cristi Mihart, Getty Images / manu10319, Getty Images / Andrea Pistolesi, Getty Images / FrankvandenBergh, Getty Images / mlschach, Getty Images / George Karbus Photography, Getty Images / eclipse_images, espiegle, dleeming69 / Shutterstock.com, Getty Images / Pawe Sucho / 500px, Getty Images / Andrea Comi, Getty Images / joe daniel price, Bartlomiej Rybacki / Shutterstock.com, Getty Images / Roberto Moiola / Sysawo, Arndale / Shutterstock.com, Getty Images / Borisb17, Getty Images / Photograph taken by Alan Hopps, Getty Images / Laurent Fox, Getty Images / sachin polassery, shutterupeire / Shutterstock.com, Getty Images / Tom Whelton, Getty Images / grafxart8888, Getty Images / Marius Roman, Getty Images / mustafa6noz, Getty Images / Jim Nolan, Getty Images / Susanne Neumann, Getty Images / Obencem, Getty Images / PicturePartners, Getty Images / 35007, Alexilena / Shutterstock.com, Getty Images / Shawn Williams, Getty Images / espiegle, dleeming69 / Shutterstock.com, Getty Images / Matt Anderson Photography, Eleni Mavrandoni / Shutterstock.com, Getty Images / Westend61, Nick Fox / Shutterstock.com, Getty Images / mammoth, Getty Images / track5, Getty Images / Peter Zelei Images

Hintergründe & Vignetten: Shutterstock.com: John David Bigl III, art_of_sun, polosatik, SimeonVD, ReVelStockArt, Imichman, Daniel L Isdell, Hoika Mikhail, RedKoala, Vectorry, simbos, WinWin artlab, kurbanov, Maya Suryandari, Olga Ptichkina, Foxys Graphic, vector punch, Tatgynsy, melissa held, Ploipiroon, Liliya Kandrashevich

Gestaltung: Andrea Janas

ISBN 978-3-8458-5306-2

Wir behalten uns die Nutzung unserer Inhalte für Text und Data Mining im Sinne von § 44b UrhG ausdrücklich vor.
www.arsedition.de

MIX
Papier | Fördert
gute Waldnutzung
FSC® C100431